AF561093

RÉPONSE

A MM. BERGASSE ET BARRUEL,

ET A TOUS

LES ANTI-CONSTITUTIONNELS.

PAR M. RUELLE.

A PARIS,
CHEZ CHARLES, IMPRIMEUR, RUE DAUPHINE,
N°. 36.

1814.

REPONSE

A MM. BERGASSE ET BARRUEL,

ET A TOUS

LES ANTI-CONSTITUTIONNELS.

JE *me suis fait lire* quelques pamphlets que viennent de publier des hommes connus depuis long-temps par leur attachement aux abus que la révolution a détruits, et aux préjugés qu'elle a proscrits. Je savais très-bien que l'esprit de parti étend sa domination d'une façon irrésistible, et que ses fureurs sont toujours la cause des plus grandes crises; mais j'étais encore loin d'imaginer qu'après 25 ans d'expérience dans tous les genres, et de lumières accumulées, au moment où, à la suite de tant d'orages, ayant besoin de calme et de repos, on sent mieux que jamais le besoin de cicatriser tant de plaies, ce funeste esprit de parti oserait encore se montrer sous un masque aussi impitoyable et aussi audacieux, et ferait ainsi un appel scandaleux à toutes les passions qu'il est en ce moment si intéressant d'assoupir.

Quand, ayant tant d'outrages à venger, tant de désastres à combler, tant de réparations à exiger, des monarques généreux arrivent parmi nous sur les ailes de la victoire, ayant la paix à la bouche et la bienveillance dans le cœur, pour tempérer toutes les haines, calmer toutes les passions, rétablir un ordre tutélaire, ramener le bonheur et la tranquillité, après lesquels nous soupirions depuis si long-temps, comment se fait-il que quelques hommes, toujours autant isolés de l'esprit public qu'ennemis du bonheur général, cherchent à contrarier leurs desseins généreux, à faire revivre ce qu'ils veulent oublier, à contester ce qu'ils ont décidé, menacer ceux qu'ils veulent protéger, incendier tous les esprits, réveiller toutes les haines, ranimer l'esprit de parti, et enfin à bouleverser l'ordre salutaire qui s'organise si heureusement ? Ils désirent, nous disent-ils, la tranquillité ; oui, la tranquillité, basée sur le bienfaisant retour de l'agréable régime des lettres de cachet, du tiers-état et des droits féodaux, c'est-à-dire de tout ce qu'il y a de plus avilissant pour les Français. Ils ignorent donc que c'est reproduire un problême dont la solution mathématique, solennellement proclamée déjà tant de fois, remonte à la nuit célèbre du 4 au 5 août 1789; et s'imaginent-ils, par des déclamations outrées et de vaines capucinades (1), ramener aujourd'hui parmi nous des siècles d'ignorance et de barbarie, que déjà plus de la moitié de l'Europe a bannis, et que sans doute l'univers entier ne va pas tarder à proscrire ?

Eh ! pourquoi donc nous rappeler sans cesse des malheurs et des désastres, dont tous les Français gémissent en secret, et voudraient pouvoir oublier ? Comme eux, vous paraissez détester et maudire le régime des massacres et des guillotines, mais vous rappelez à grands cris celui des potences et des échafauds, et vous nous prouvez ainsi jusqu'à l'évidence, que si vous ne vous trouvez pas vous-mêmes aujourd'hui coupables de tous les mêmes excès que vous condamnez, il ne vous a rien manqué que la possibilité de le faire, mais dans un sens opposé.

Sans doute de grands malheurs et de grands désordres sont arrivés ; mais s'il y a de la bonne foi à l'avouer, il y aurait aussi une insigne mauvaise foi à ne vouloir pas se ressouvenir des causes qui les ont amenés, et des

---

(1) Voyez l'autopsie anagogique de M. Bergasse, pag. 14 et 15 de ses réflexions.

circonstances dans lesquelles nous nous trouvions alors. Qui donc, en ces temps de malheurs, a si fortement monté l'esprit public, éveillé les soupçons du peuple, exaspéré les esprits par des déclamations ne respirant que le mépris et la vengeance, et ne tendant toutes qu'à aliéner le cœur du peuple de l'autorité légitime, à qui l'on prétendait faire partager ce funeste délire? Qui a fait tant d'efforts pour ramener des préjugés et des priviléges que les lumières, la raison, et plus que tout encore, l'intérêt du peuple, avaient fait disparaître? Qui encore a cherché à faire rétrograder une révolution embrassée avec enthousiasme par les vingt-quatre vingt-cinquièmes de la nation, qu'on appelait alors des factieux, et qui, au prix des plus grands sacrifices, étaient résolus à la maintenir (1)? N'était-ce pas à-peu-près les

---

(1) On se rappelle sans doute la constante opposition et les scandaleux débats de ce trop célèbre abbé, dont la logique étudiée et alambiquée, semblait ne vouloir atteindre que les principes, ne vouloir protéger que sa religion et son roi, tandis qu'il ne défendait au contraire que son intérêt personnel, pécuniaire honorifique; et qui, postérieurement ensuite dévoué entièrement et sans réserve au despote qui le comblait d'honneurs et de biens, a solennellement prouvé à l'univers entier, par les pla-

mêmes hommes qui paraissent aujourd'hui sur la scène, armés des mêmes principes et agités des mêmes inspirations, dont tous les moyens et le but ne sont que l'intérêt personnel, et dont tous les succès ne peuvent jamais produire maintenant, comme jadis, d'autre effet, que de donner un degré de force de plus à l'impulsion qui dirige l'opinion générale.

Pendant neuf mois le corps politique a été miné par une fièvre brûlante, résultat inévitable des convulsions dont l'avaient agité le choc des passions, l'ambition des chefs de parti, l'insouciance de la majeure partie des Français, et la versatilité du caractère national; mais cet état violent, cette crise effervescente, ne pouvaient durer; sans but déterminé, comme sans moyen et sans organisation, cet ordre de choses extraordinaire, portant dans son sein même le germe de sa destruction, ne devait pas tarder à s'anéantir, et c'est ce qui est arrivé : ceux mêmes qui en étaient les auteurs et les soutiens, en ayant senti l'infamie et reconnu les

---

titudes les moins équivoques et les plus basses flagorneries, que la gloire du trône et la sainteté de l'autel ne l'intéressaient qu'autant qu'ils favorisaient sa cupidité et son ambition.

dangers, furent les premiers à l'abattre. Mais à l'état de langueur et de dépérissement qui devait nécessairement suivre une crise aussi violente, a succédé un gouvernement monstrueux non moins cruel dans un autre sens, et d'autant plus dangereux, qu'il était plus solidement établi. Alors c'était une maladie réelle bien compliquée, qui s'invétérait chaque jour, et devenait de plus en plus incurable; il eût été impossible d'assigner l'époque de sa durée, et il est vraisemblable qu'elle eût fini par emporter le malade, sans l'heureux et inconcevable événement qui a causé notre miraculeuse délivrance. Ainsi donc, tout en convenant, avec tous les publicistes, des dangers bien reconnus de l'anarchie et du despotisme, on peut néanmoins avancer que ceux du despotisme sont les plus à redouter pour les peuples, vu que l'unité qui résulte de l'accord de toutes les parties de ce grand tout, et la centralisation de tous les pouvoirs, non seulement lui donnent une force insurmontable, et lui promettent une stabilité désastreuse, mais encore ne laissent aux malheureux qui en sont victimes, que fort peu de chances favorables à sa destruction.

Mais, disent les partisans du pouvoir illimité, jamais sous nos aïeux le gouvernement n'a été despotique, et les rois n'ont jamais abusé de ce pouvoir absolu. (1) A cela je répondrai d'abord, qu'il ne faut qu'un seul roi ambitieux, ou méchant pour tout bouleverser et amener la dissolution de l'état; et ensuite, que le temps présent ne ressemble plus du tout au temps passé. Avant la révolution, le trône était environné d'un illustre prestige, qui, tout en cachant l'homme, ne laissait apercevoir que la dignité; maintenant ce prestige est évanoui; au lieu que ce soit la dignité qui honore l'homme, il faut au contraire que ce soit l'homme qui honore la dignité. Depuis que le peuple a pu remarquer avec quelle facilité on faisait et défaisait les rois, il a eu tout le temps et les moyens de se convaincre que cette institution purement humaine (n'en déplaise aux paralogismes de M. l'abbé Barruel) conserve, comme en général tout ce qui vient de l'homme, les vices et les imperfections de son origine. Ainsi, il n'y a donc qu'une monarchie constitutionnelle qui puisse aujourd'hui convenir au peuple fran-

(1) Cela est vrai; et l'on peut citer pour preuve d'une si constante vérité les nombreux lits de justice tenus par Louis XV, tant à Paris qu'à Versailles, en réponses aux respectueuses remontrances des parlemens.

çais, dont les mœurs et les lumières sont bien différentes qu'aux temps de nos aïeux, et qui est accoutumé, depuis vingt-deux ans, à jouir de l'autonomie la plus absolue : monarchie qui, tout en lui garantissant *la liberté*, *la sûreté*, *la propriété et le libre exercice de ses droits politiques*, assure en même temps au monarque confiance, amour, respect et considération. Alors, et seulement alors dans les vertus politiques de son roi, le peuple admirera son propre ouvrage ; il sera nécessairement porté à l'environner de toute la gloire et de la puissance de cette dignité ; et bien loin de chercher à détruire cet édifice qu'il aura élevé à son bonheur, il fera au contraire tous les sacrifices pour le maintenir et le consolider. Tandis qu'au contraire, si le roi ne tire sa puissance que de sa seule volonté, tous les actes émanés de lui, portant l'empreinte de l'arbitraire, seront nécessairement soumis à une censure de même arbitraire, et d'autant plus dangereuse pour lui, qu'il se sera réservé moins de moyens de se faire parvenir la vérité.

Je ne puis m'empêcher de placer ici quelques réflexions analytiques sur plusieurs paragraphes de l'un de ces écrits rempli de provocations injurieuses et intempestives, dans lequel l'auteur (M. l'abbé Barruel) parle d'un bout à l'autre avec l'accent de la plus entière liberté, malgré qu'il soit bien prouvé qu'il n'en est pas le partisan.

Je vous demande pardon, M. l'abbé, mais c'est avec vos propres armes que je veux vous battre.

M. l'abbé s'exprime ainsi : « Mais il n'est plus temps de le contester, la *souveraineté consiste dans la réunion de toutes les autorités*, c'est-à-dire, *de tous les devoirs qu'impose*, *et de tous les droits que confère la nécessité de veiller sur la chose publique* ; or, avant le pacte social, il n'y a ni chose publique, ni corps de nation, donc il n'y a aussi ni individu, ni sénat, ni peuple souverain. Tout ce qui existe alors pour cette multitude d'hommes méditant de s'unir en corps de nation, bien loin d'être l'autorité, la souveraineté, n'est pas autre chose que le *besoin* d'une autorité, d'une souveraineté, qui s'établisse, pour les mettre à l'abri des malheurs attachés à une multitude d'hommes vivans, sans lois, sans souverain ; besoin qu'ils ont senti, comme un malade sent celui du médecin, ou comme l'équipage d'un vaisseau sent celui d'un pilote. Assurément il est difficile de voir dans ce besoin la chose même. »

Mais il n'est plus temps de le contester, *la souveraineté consiste dans la réunion de tous les pouvoirs*... Cela est vrai, M. l'abbé, et personne aussi ne vous le conteste.. *C'est-à-dire* de toutes les, etc. Ah! voilà qui est joliment trouvé, et cette interprétation donnée de la souveraineté, est vraiment digne de M. l'abbé... *Bien loin d'être la souveraineté, l'autorité*.. Il est vrai, que ce n'est pas l'autorité, la souveraineté gouvernante, car comme vous dites, elle n'existe pas, et a besoin de s'établir; mais c'est l'autorité et la souveraineté ayant droit de choisir un gouvernant, et c'est elle qui médite de s'unir en corps de nation, et use de ce droit en nommant un chef; or, quel nom prétendez-vous donner à cet acte libre, qu'ils exercent en élisant un chef, dont vous convenez vous-même qu'ils ont besoin, car il n'existe pas encore, puisqu'au contraire, vous dites qu'il n'existe rien autre chose qu'un multitude méditante, et un besoin; qu'il n'y a ni corps de nation, ni chose publique, ni individu, ni Sénat, d'où je tire la judicieuse conséquence, que si de tout, il n'existe que la multitude ou le peuple, nécessairement ce peuple est le souverain, car certes, on est bien souverain ou maître dans un endroit quand on y est tout seul, et qu'il n'y a pas d'autorité supérieure qui puisse vous y faire la loi. Le peuple étant donc maître de faire ce qu'il veut, au lieu de se gouverner lui-même, trouve bien plus commode de satisfaire au besoin qu'il sent, en nommant un chef pour le gouverner; et pour que les droits et les devoirs respectifs du gouvernant et des gouvernés soient invariablement fixés et limités, et qu'il ne s'élève par la suite entre eux, aucune contestation à cet égard, il faut bien que leur convention soit écrite. Or, voilà la Constitution.

« Arrivons au moment du pacte social; en
» quoi consiste encore la souveraineté de
» cette multitude, en vertu de ce pacte, n'ac-
» quérant d'autre droit, que celui d'être gou-
» vernée par un légitime souverain; en faveur
» de ce droit, contractant le devoir de vivre dé-
» sormais soumise aux mêmes lois, au même
» chef? »

Le chef qu'ils se choisissent n'est donc qu'une émanation de leur volonté; il ne devient ainsi souverain légitime, que parce qu'ils se sont dessaisis en sa faveur de la puissance qu'ils avaient eux-mêmes; ils acquièrent par la conclusion du pacte le droit d'être gouvernés et protégés par lui, comme lui chef devenu souverain au lieu et place de cette multitude, acquiert le droit de commander et de se faire obéir.

« Après le pacte social, il serait trop absurde de vouloir nous montrer encore le peuple souverain dans cette même multitude d'hommes désormais citoyens, mais qui n'en ont acquis les droits en vertu de ce pacte, qu'en jurant de le maintenir par leur fidélité et leur soumission aux lois et au gouvernement que ce pacte leur donne. »

Rien de plus juste, après le pacte social cette multitude n'est plus qu'obéissante au chef; chacun de son côté est tenu de l'exécution de sa promesse, et si ce contrat synallagmatique vient à être rompu par l'une des deux parties contractantes, l'autre a le droit d'employer les moyens qui sont en ses mains pour punir cette infraction. C'est précisément là le cas où nous nous trouvons maintenant. Le souverain soi-disant que nous nous étions choisi, ayant rompu le pacte que nous avions fait avec lui, eh bien! nous lui avons retiré les pouvoirs dont nous l'avions investi, et redevenus libres de notre volonté, en notre premier état de multitude, nous avons rappelé le chef qui, par toutes sortes de considérations, avait un droit acquis depuis long-temps à devenir le dépositaire de l'exécution de notre pacte social; et ce titre respectable et puissant qu'il acquiert en étant appelé par les acclamations unanimes d'un peuple que son absence a plongé dans toutes sortes de malheurs, est, sans contredit (n'en déplaise à votre doctrine atrabilaire, messieurs les anti-constitutionnels), bien plus honorable, plus précieux, et plus cher à son cœur, que ne le serait celui que lui conférerait un retour violent et forcé, effectué contre le vœu bien prononcé de la majorité, et alors nécessairement accompagné et suivi de toutes les horreurs qui caractérisent pour l'ordinaire ces sortes d'événemens, horreurs que, suivant toutes les apparences, vous auriez préférées, messieurs, et qui auraient singulièrement délecté votre douce et aimable philanthropie.

« Or encore, osera-t-on dire que notre ancienne constitution est incompatible avec le bonheur d'une nation qui la redemande de toutes ses provinces, comme le seul remède à tous les désastres de ses révolutions ?

» Elle est, d'ailleurs, si simple, cette ancienne constitution ! une couronne héréditaire de mâle en mâle ; un souverain gouvernant d'après la volonté constante et connue de la loi ; souverain *absolu, parce qu'il peut tout ce que peut la loi ;* souverain en cela très-distinct du despote qui ne suit que sa volonté et ses caprices du moment. »

Parce qu'il peut tout ce que peut la loi..... J'aurais bien désiré que M. l'abbé nous eût donné la définition du mot *loi* pour que nous puissions, avec moins de peine, découvrir le vrai sens de son raisonnement. Il est étonnant qu'un homme comme lui ait omis une définition de cette importance. Suivant mes petites lumières, ce mot ne peut être pris que dans deux acceptions; la loi est l'expression de la volonté de tous; telle est la définition que nous autres Français, petits esprits, avons cru devoir lui donner; ou bien, la loi est l'expression de la volonté d'un seul; telle est celle que croient devoir lui donner quelques savans, grands esprits, qui pour cela ont leur raisons particulières: or, dans le premier cas, c'est la loi constitutionnelle, et dans le deuxième, c'est la loi despotique, puisque celui qui ferait la loi, serait, dans leur système, le même que celui qui la ferait exécuter. Mais comme M. l'abbé avoue lui-même qu'il ne faut pas de despotisme, il faudra bien qu'il veuille la loi constitutionnelle, ce qui serait évidemment contradictoire avec ce qu'il préjuge en faveur de l'ancien ordre de choses, qu'il lui plaît d'appeler *notre ancienne constitution ;* tandis qu'il est reconnu, sans aucun équivoque, qu'une constitution est un pacte social *écrit*, dont l'impassibilité et l'inviolabilité sont l'égide tutélaire qui couvre également le chef et les membres de l'association, et conséquemment est hors de toute atteinte d'une volonté quelconque, soit générale, soit individuelle.

En un autre endroit, page 9, M. l'abbé s'exprime ainsi :

« Je veux bien ne rien dire ici de cette autre absurdité qu'il y aurait à vouloir que cette multitude qu'on appelle *nation*, ce peuple des provinces, des campagnes, des villes, des faubourgs, riches, pauvres, savans, ignorans, magistrats, savetiers, mendians, aient chacun pour *devoir* de veiller pour le salut public, et pour *droit*, de commander, d'être obéis, d'opiner sur tout ce qui intéresse la chose publique. »

Toutes réflexions me paraissent inutiles sur cet étonnant paragraphe, aussi inconcevable par l'inconséquence et la mauvaise foi qui le caractérisent, que ridicule et méprisable par l'inconvenance du coloris, le ton dédaigneux et le fiel dont il est assaisonné. Et c'est au nom du ciel que!..... Je m'arrête.

Le surplus de cette savante et judicieuse diatribe est un composé d'assertions aussi étranges et de déclamations aussi dégoûtantes, auxquelles il serait trop fastidieux de répondre, et qui toutes sont dictées par le cynisme le plus déhonté, par l'esprit de parti et l'orgueil de la domination, si communs à la majorité des membres de la classe dont l'auteur fait partie, qui, bien loin de mettre en pratique les principes philanthropiques de la morale sublime et évangélique de Jésus, dont ils veulent bien se dire les zélés sectateurs, n'ont au contraire jamais offert à l'univers scandalisé que les exemples les plus funestes d'une intolérance exagérée, et les fureurs atroces d'une haine qui ne pardonne jamais.

Non, malgré les déclamations des ennemis de notre nouvelle constitution, la révolution n'aura pas été infructueuse; tant de millions d'hommes n'auront pas été sacrifiés inutilement; le retour à une constitution libérale est le vœu bien prononcé, non seulement de la majorité du peuple français, mais encore des monarques, nos bienfaisans libérateurs. Sous une monarchie constitutionnelle, la France s'en va renaître; l'abolition des préjugés et des institutions avilissantes pour l'humanité, complètement opérée vers la fin du dix-huitième siècle, va encore de nouveau être solennellement proclamée dans notre patrie entièrement régénérée. Après dix ans du gouvernement tyrannique et atroce du monstre sous forme humaine qui vient d'être renversé, et qui pouvant tant de choses, a cependant fait tant de mal, on ne peut, sans attendrissement, se rappeler celui du bienfaisant Louis XVI, qui eut si peu de pouvoir, et fit néanmoins tant de bien; monarque aussi généreux que bienfaisant, dont les idées libérales (1) décélaient la grandeur d'âme et la sensibilité; dont la perte est la plus sensible qu'ait à regretter la philanthropie, et qui ne se montra jamais plus grand, plus digne de lui-même, plus ami de l'humanité et de son peuple, que lorsque, contraint par les sollicitations importunes de ses perfides conseillers, et fatigué du caractère qu'ils voulaient lui faire soutenir, il repoussait loin de lui leurs insi-

---

(1) Entr'autres bienfaits libéraux que la France lui devait avant la convocation des Etats-Généraux, on peut citer l'édit du mois d'août 1779, portant suppression du droit de main-morte et de servitude dans ses domaines, sujet, que l'année suivante, l'Académie française a proposé pour le prix de poésie. Il faut surtout voir le préambule de cet édit.

nuations dangeseures, et se livrait sans réserve à l'élan naturel de son cœur bienveillant et magnanime.

Mais puisqu'il nous est enfin aujourd'hui permis de répandre, avec l'amertume de la douleur, des fleurs tardives sur la tombe de l'infortuné Louis XVI, hâtons-nous de nous serrer autour des précieux restes de son auguste famille ; qu'ils trouvent dans nos hommages, notre amour, notre dévouement, la plus douce consolation qu'on puisse offrir à des ames sensibles, pour faire oublier de toutes parts les innombrables malheurs qui nous ont tous assiégés depuis vingt-cinq ans.

FIN.

www.ingramcontent.com/pod-product-compliance
Lightning Source LLC
LaVergne TN
LVHW020459230826
846091LV00008BA/3287
9782012463165